Libro Soci

Registro per la gestione di un'associazione

Nome dell'associazione

Indirizzo dell'associazione

Registro aperto il : _ _ / _ _ / _ _ _ _   Il registro è chiuso il : _ _ / _ _ / _ _ _ _

Data di ammissione	Nuovo socio	Nome e Cognome	Indirizzo	Qualifica socio
__ / __ / __	☐ Sì ☐ No			
__ / __ / __	☐ Sì ☐ No			
__ / __ / __	☐ Sì ☐ No			
__ / __ / __	☐ Sì ☐ No			
__ / __ / __	☐ Sì ☐ No			
__ / __ / __	☐ Sì ☐ No			
__ / __ / __	☐ Sì ☐ No			
__ / __ / __	☐ Sì ☐ No			
__ / __ / __	☐ Sì ☐ No			
__ / __ / __	☐ Sì ☐ No			
__ / __ / __	☐ Sì ☐ No			
__ / __ / __	☐ Sì ☐ No			
__ / __ / __	☐ Sì ☐ No			
__ / __ / __	☐ Sì ☐ No			
__ / __ / __	☐ Sì ☐ No			
__ / __ / __	☐ Sì ☐ No			
__ / __ / __	☐ Sì ☐ No			
__ / __ / __	☐ Sì ☐ No			
__ / __ / __	☐ Sì ☐ No			

Numero di iscrizione	Telefono	E-mail	Quota sociale versata	Data di cessazione
				__ / __ / __
				__ / __ / __
				__ / __ / __
				__ / __ / __
				__ / __ / __
				__ / __ / __
				__ / __ / __
				__ / __ / __
				__ / __ / __
				__ / __ / __
				__ / __ / __
				__ / __ / __
				__ / __ / __
				__ / __ / __
				__ / __ / __
				__ / __ / __
				__ / __ / __
				__ / __ / __
				__ / __ / __
				__ / __ / __

Numero di iscrizione	Telefono	E-mail	Quota sociale versata	Data di cessazione

Data di ammissione	Nuovo socio	Nome e Cognome	Indirizzo	Qualifica socio
__ / __ / __	☐ Sì ☐ No			
__ / __ / __	☐ Sì ☐ No			
__ / __ / __	☐ Sì ☐ No			
__ / __ / __	☐ Sì ☐ No			
__ / __ / __	☐ Sì ☐ No			
__ / __ / __	☐ Sì ☐ No			
__ / __ / __	☐ Sì ☐ No			
__ / __ / __	☐ Sì ☐ No			
__ / __ / __	☐ Sì ☐ No			
__ / __ / __	☐ Sì ☐ No			
__ / __ / __	☐ Sì ☐ No			
__ / __ / __	☐ Sì ☐ No			
__ / __ / __	☐ Sì ☐ No			
__ / __ / __	☐ Sì ☐ No			
__ / __ / __	☐ Sì ☐ No			
__ / __ / __	☐ Sì ☐ No			
__ / __ / __	☐ Sì ☐ No			
__ / __ / __	☐ Sì ☐ No			
__ / __ / __	☐ Sì ☐ No			

Numero di iscrizione	Telefono	E-mail	Quota sociale versata	Data di cessazione
				__ / __ / __
				__ / __ / __
				__ / __ / __
				__ / __ / __
				__ / __ / __
				__ / __ / __
				__ / __ / __
				__ / __ / __
				__ / __ / __
				__ / __ / __
				__ / __ / __
				__ / __ / __
				__ / __ / __
				__ / __ / __
				__ / __ / __
				__ / __ / __
				__ / __ / __
				__ / __ / __
				__ / __ / __
				__ / __ / __
Numero di iscrizione	Telefono	E-mail	Quota sociale versata	Data di cessazione

Data di ammissione	Nuovo socio	Nome e Cognome	Indirizzo	Qualifica socio
__ / __ / __	□ Sì □ No			
__ / __ / __	□ Sì □ No			
__ / __ / __	□ Sì □ No			
__ / __ / __	□ Sì □ No			
__ / __ / __	□ Sì □ No			
__ / __ / __	□ Sì □ No			
__ / __ / __	□ Sì □ No			
__ / __ / __	□ Sì □ No			
__ / __ / __	□ Sì □ No			
__ / __ / __	□ Sì □ No			
__ / __ / __	□ Sì □ No			
__ / __ / __	□ Sì □ No			
__ / __ / __	□ Sì □ No			
__ / __ / __	□ Sì □ No			
__ / __ / __	□ Sì □ No			
__ / __ / __	□ Sì □ No			
__ / __ / __	□ Sì □ No			
__ / __ / __	□ Sì □ No			
__ / __ / __	□ Sì □ No			
__ / __ / __	□ Sì □ No			

Data di ammissione	Nuovo socio	Nome e Cognome	Indirizzo	Qualifica socio

Numero di iscrizione	Telefono	E-mail	Quota sociale versata	Data di cessazione
				__ / __ / __
				__ / __ / __
				__ / __ / __
				__ / __ / __
				__ / __ / __
				__ / __ / __
				__ / __ / __
				__ / __ / __
				__ / __ / __
				__ / __ / __
				__ / __ / __
				__ / __ / __
				__ / __ / __
				__ / __ / __
				__ / __ / __
				__ / __ / __
				__ / __ / __
				__ / __ / __
				__ / __ / __
				__ / __ / __
Numero di iscrizione	Telefono	E-mail	Quota sociale versata	Data di cessazione

Data di ammissione	Nuovo socio	Nome e Cognome	Indirizzo	Qualifica socio
__ / __ / __	☐ Sì ☐ No			
__ / __ / __	☐ Sì ☐ No			
__ / __ / __	☐ Sì ☐ No			
__ / __ / __	☐ Sì ☐ No			
__ / __ / __	☐ Sì ☐ No			
__ / __ / __	☐ Sì ☐ No			
__ / __ / __	☐ Sì ☐ No			
__ / __ / __	☐ Sì ☐ No			
__ / __ / __	☐ Sì ☐ No			
__ / __ / __	☐ Sì ☐ No			
__ / __ / __	☐ Sì ☐ No			
__ / __ / __	☐ Sì ☐ No			
__ / __ / __	☐ Sì ☐ No			
__ / __ / __	☐ Sì ☐ No			
__ / __ / __	☐ Sì ☐ No			
__ / __ / __	☐ Sì ☐ No			
__ / __ / __	☐ Sì ☐ No			
__ / __ / __	☐ Sì ☐ No			
__ / __ / __	☐ Sì ☐ No			
__ / __ / __	☐ Sì ☐ No			

Numero di iscrizione	Telefono	E-mail	Quota sociale versata	Data di cessazione
				__ / __ / __
				__ / __ / __
				__ / __ / __
				__ / __ / __
				__ / __ / __
				__ / __ / __
				__ / __ / __
				__ / __ / __
				__ / __ / __
				__ / __ / __
				__ / __ / __
				__ / __ / __
				__ / __ / __
				__ / __ / __
				__ / __ / __
				__ / __ / __
				__ / __ / __
				__ / __ / __
				__ / __ / __
				__ / __ / __

Numero di iscrizione	Telefono	E-mail	Quota sociale versata	Data di cessazione

Data di ammissione	Nuovo socio	Nome e Cognome	Indirizzo	Qualifica socio
__ / __ / __	□ Sì □ No			
__ / __ / __	□ Sì □ No			
__ / __ / __	□ Sì □ No			
__ / __ / __	□ Sì □ No			
__ / __ / __	□ Sì □ No			
__ / __ / __	□ Sì □ No			
__ / __ / __	□ Sì □ No			
__ / __ / __	□ Sì □ No			
__ / __ / __	□ Sì □ No			
__ / __ / __	□ Sì □ No			
__ / __ / __	□ Sì □ No			
__ / __ / __	□ Sì □ No			
__ / __ / __	□ Sì □ No			
__ / __ / __	□ Sì □ No			
__ / __ / __	□ Sì □ No			
__ / __ / __	□ Sì □ No			
__ / __ / __	□ Sì □ No			
__ / __ / __	□ Sì □ No			
__ / __ / __	□ Sì □ No			
__ / __ / __	□ Sì □ No			

Numero di iscrizione	Telefono	E-mail	Quota sociale versata	Data di cessazione
				__ / __ / __
				__ / __ / __
				__ / __ / __
				__ / __ / __
				__ / __ / __
				__ / __ / __
				__ / __ / __
				__ / __ / __
				__ / __ / __
				__ / __ / __
				__ / __ / __
				__ / __ / __
				__ / __ / __
				__ / __ / __
				__ / __ / __
				__ / __ / __
				__ / __ / __
				__ / __ / __
				__ / __ / __

Numero di iscrizione	Telefono	E-mail	Quota sociale versata	Data di cessazione

Data di ammissione	Nuovo socio	Nome e Cognome	Indirizzo	Qualifica socio
__ / __ / __	☐ Sì ☐ No			
__ / __ / __	☐ Sì ☐ No			
__ / __ / __	☐ Sì ☐ No			
__ / __ / __	☐ Sì ☐ No			
__ / __ / __	☐ Sì ☐ No			
__ / __ / __	☐ Sì ☐ No			
__ / __ / __	☐ Sì ☐ No			
__ / __ / __	☐ Sì ☐ No			
__ / __ / __	☐ Sì ☐ No			
__ / __ / __	☐ Sì ☐ No			
__ / __ / __	☐ Sì ☐ No			
__ / __ / __	☐ Sì ☐ No			
__ / __ / __	☐ Sì ☐ No			
__ / __ / __	☐ Sì ☐ No			
__ / __ / __	☐ Sì ☐ No			
__ / __ / __	☐ Sì ☐ No			
__ / __ / __	☐ Sì ☐ No			
__ / __ / __	☐ Sì ☐ No			
__ / __ / __	☐ Sì ☐ No			

Numero di iscrizione	Telefono	E-mail	Quota sociale versata	Data di cessazione
				__ / __ / __
				__ / __ / __
				__ / __ / __
				__ / __ / __
				__ / __ / __
				__ / __ / __
				__ / __ / __
				__ / __ / __
				__ / __ / __
				__ / __ / __
				__ / __ / __
				__ / __ / __
				__ / __ / __
				__ / __ / __
				__ / __ / __
				__ / __ / __
				__ / __ / __
				__ / __ / __
				__ / __ / __
				__ / __ / __
Numero di iscrizione	Telefono	E-mail	Quota sociale versata	Data di cessazione

Data di ammissione	Nuovo socio	Nome e Cognome	Indirizzo	Qualifica socio
__ / __ / __	☐ Sì ☐ No			
__ / __ / __	☐ Sì ☐ No			
__ / __ / __	☐ Sì ☐ No			
__ / __ / __	☐ Sì ☐ No			
__ / __ / __	☐ Sì ☐ No			
__ / __ / __	☐ Sì ☐ No			
__ / __ / __	☐ Sì ☐ No			
__ / __ / __	☐ Sì ☐ No			
__ / __ / __	☐ Sì ☐ No			
__ / __ / __	☐ Sì ☐ No			
__ / __ / __	☐ Sì ☐ No			
__ / __ / __	☐ Sì ☐ No			
__ / __ / __	☐ Sì ☐ No			
__ / __ / __	☐ Sì ☐ No			
__ / __ / __	☐ Sì ☐ No			
__ / __ / __	☐ Sì ☐ No			
__ / __ / __	☐ Sì ☐ No			
__ / __ / __	☐ Sì ☐ No			
__ / __ / __	☐ Sì ☐ No			

Numero di iscrizione	Telefono	E-mail	Quota sociale versata	Data di cessazione
				__ / __ / __
				__ / __ / __
				__ / __ / __
				__ / __ / __
				__ / __ / __
				__ / __ / __
				__ / __ / __
				__ / __ / __
				__ / __ / __
				__ / __ / __
				__ / __ / __
				__ / __ / __
				__ / __ / __
				__ / __ / __
				__ / __ / __
				__ / __ / __
				__ / __ / __
				__ / __ / __
				__ / __ / __
				__ / __ / __
Numero di iscrizione	Telefono	E-mail	Quota sociale versata	Data di cessazione

Data di ammissione	Nuovo socio	Nome e Cognome	Indirizzo	Qualifica socio
__ / __ / __	☐Sì ☐No			
__ / __ / __	☐Sì ☐No			
__ / __ / __	☐Sì ☐No			
__ / __ / __	☐Sì ☐No			
__ / __ / __	☐Sì ☐No			
__ / __ / __	☐Sì ☐No			
__ / __ / __	☐Sì ☐No			
__ / __ / __	☐Sì ☐No			
__ / __ / __	☐Sì ☐No			
__ / __ / __	☐Sì ☐No			
__ / __ / __	☐Sì ☐No			
__ / __ / __	☐Sì ☐No			
__ / __ / __	☐Sì ☐No			
__ / __ / __	☐Sì ☐No			
__ / __ / __	☐Sì ☐No			
__ / __ / __	☐Sì ☐No			
__ / __ / __	☐Sì ☐No			
__ / __ / __	☐Sì ☐No			
__ / __ / __	☐Sì ☐No			
__ / __ / __	☐Sì ☐No			

Numero di iscrizione	Telefono	E-mail	Quota sociale versata	Data di cessazione
				__ / __ / __
				__ / __ / __
				__ / __ / __
				__ / __ / __
				__ / __ / __
				__ / __ / __
				__ / __ / __
				__ / __ / __
				__ / __ / __
				__ / __ / __
				__ / __ / __
				__ / __ / __
				__ / __ / __
				__ / __ / __
				__ / __ / __
				__ / __ / __
				__ / __ / __
				__ / __ / __
				__ / __ / __
Numero di iscrizione	Telefono	E-mail	Quota sociale versata	Data di cessazione

Data di ammissione	Nuovo socio	Nome e Cognome	Indirizzo	Qualifica socio
__ / __ / __	☐ Sì ☐ No			
__ / __ / __	☐ Sì ☐ No			
__ / __ / __	☐ Sì ☐ No			
__ / __ / __	☐ Sì ☐ No			
__ / __ / __	☐ Sì ☐ No			
__ / __ / __	☐ Sì ☐ No			
__ / __ / __	☐ Sì ☐ No			
__ / __ / __	☐ Sì ☐ No			
__ / __ / __	☐ Sì ☐ No			
__ / __ / __	☐ Sì ☐ No			
__ / __ / __	☐ Sì ☐ No			
__ / __ / __	☐ Sì ☐ No			
__ / __ / __	☐ Sì ☐ No			
__ / __ / __	☐ Sì ☐ No			
__ / __ / __	☐ Sì ☐ No			
__ / __ / __	☐ Sì ☐ No			
__ / __ / __	☐ Sì ☐ No			
__ / __ / __	☐ Sì ☐ No			
__ / __ / __	☐ Sì ☐ No			
__ / __ / __	☐ Sì ☐ No			

Numero di iscrizione	Telefono	E-mail	Quota sociale versata	Data di cessazione
				__ / __ / __
				__ / __ / __
				__ / __ / __
				__ / __ / __
				__ / __ / __
				__ / __ / __
				__ / __ / __
				__ / __ / __
				__ / __ / __
				__ / __ / __
				__ / __ / __
				__ / __ / __
				__ / __ / __
				__ / __ / __
				__ / __ / __
				__ / __ / __
				__ / __ / __
				__ / __ / __
				__ / __ / __
				__ / __ / __
Numero di iscrizione	Telefono	E-mail	Quota sociale versata	Data di cessazione

Data di ammissione	Nuovo socio	Nome e Cognome	Indirizzo	Qualifica socio
__ / __ / __	□ Sì □ No			
__ / __ / __	□ Sì □ No			
__ / __ / __	□ Sì □ No			
__ / __ / __	□ Sì □ No			
__ / __ / __	□ Sì □ No			
__ / __ / __	□ Sì □ No			
__ / __ / __	□ Sì □ No			
__ / __ / __	□ Sì □ No			
__ / __ / __	□ Sì □ No			
__ / __ / __	□ Sì □ No			
__ / __ / __	□ Sì □ No			
__ / __ / __	□ Sì □ No			
__ / __ / __	□ Sì □ No			
__ / __ / __	□ Sì □ No			
__ / __ / __	□ Sì □ No			
__ / __ / __	□ Sì □ No			
__ / __ / __	□ Sì □ No			
__ / __ / __	□ Sì □ No			
__ / __ / __	□ Sì □ No			
__ / __ / __	□ Sì □ No			

Numero di iscrizione	Telefono	E-mail	Quota sociale versata	Data di cessazione
				__ / __ / __
				__ / __ / __
				__ / __ / __
				__ / __ / __
				__ / __ / __
				__ / __ / __
				__ / __ / __
				__ / __ / __
				__ / __ / __
				__ / __ / __
				__ / __ / __
				__ / __ / __
				__ / __ / __
				__ / __ / __
				__ / __ / __
				__ / __ / __
				__ / __ / __
				__ / __ / __
				__ / __ / __
Numero di iscrizione	Telefono	E-mail	Quota sociale versata	Data di cessazione

Data di ammissione	Nuovo socio	Nome e Cognome	Indirizzo	Qualifica socio
__ / __ / __	□ Sì □ No			
__ / __ / __	□ Sì □ No			
__ / __ / __	□ Sì □ No			
__ / __ / __	□ Sì □ No			
__ / __ / __	□ Sì □ No			
__ / __ / __	□ Sì □ No			
__ / __ / __	□ Sì □ No			
__ / __ / __	□ Sì □ No			
__ / __ / __	□ Sì □ No			
__ / __ / __	□ Sì □ No			
__ / __ / __	□ Sì □ No			
__ / __ / __	□ Sì □ No			
__ / __ / __	□ Sì □ No			
__ / __ / __	□ Sì □ No			
__ / __ / __	□ Sì □ No			
__ / __ / __	□ Sì □ No			
__ / __ / __	□ Sì □ No			
__ / __ / __	□ Sì □ No			
__ / __ / __	□ Sì □ No			

Data di ammissione	Nuovo socio	Nome e Cognome	Indirizzo	Qualifica socio

Numero di iscrizione	Telefono	E-mail	Quota sociale versata	Data di cessazione
				__ / __ / __
				__ / __ / __
				__ / __ / __
				__ / __ / __
				__ / __ / __
				__ / __ / __
				__ / __ / __
				__ / __ / __
				__ / __ / __
				__ / __ / __
				__ / __ / __
				__ / __ / __
				__ / __ / __
				__ / __ / __
				__ / __ / __
				__ / __ / __
				__ / __ / __
				__ / __ / __
				__ / __ / __
				__ / __ / __

Data di ammissione	Nuovo socio	Nome e Cognome	Indirizzo	Qualifica socio
__ / __ / __	☐ Sì ☐ No			
__ / __ / __	☐ Sì ☐ No			
__ / __ / __	☐ Sì ☐ No			
__ / __ / __	☐ Sì ☐ No			
__ / __ / __	☐ Sì ☐ No			
__ / __ / __	☐ Sì ☐ No			
__ / __ / __	☐ Sì ☐ No			
__ / __ / __	☐ Sì ☐ No			
__ / __ / __	☐ Sì ☐ No			
__ / __ / __	☐ Sì ☐ No			
__ / __ / __	☐ Sì ☐ No			
__ / __ / __	☐ Sì ☐ No			
__ / __ / __	☐ Sì ☐ No			
__ / __ / __	☐ Sì ☐ No			
__ / __ / __	☐ Sì ☐ No			
__ / __ / __	☐ Sì ☐ No			
__ / __ / __	☐ Sì ☐ No			
__ / __ / __	☐ Sì ☐ No			
__ / __ / __	☐ Sì ☐ No			
__ / __ / __	☐ Sì ☐ No			

Data di ammissione	Nuovo socio	Nome e Cognome	Indirizzo	Qualifica socio

Numero di iscrizione	Telefono	E-mail	Quota sociale versata	Data di cessazione
				__ / __ / __
				__ / __ / __
				__ / __ / __
				__ / __ / __
				__ / __ / __
				__ / __ / __
				__ / __ / __
				__ / __ / __
				__ / __ / __
				__ / __ / __
				__ / __ / __
				__ / __ / __
				__ / __ / __
				__ / __ / __
				__ / __ / __
				__ / __ / __
				__ / __ / __
				__ / __ / __
				__ / __ / __

Numero di iscrizione	Telefono	E-mail	Quota sociale versata	Data di cessazione

Data di ammissione	Nuovo socio	Nome e Cognome	Indirizzo	Qualifica socio
__ / __ / __	☐ Sì ☐ No			
__ / __ / __	☐ Sì ☐ No			
__ / __ / __	☐ Sì ☐ No			
__ / __ / __	☐ Sì ☐ No			
__ / __ / __	☐ Sì ☐ No			
__ / __ / __	☐ Sì ☐ No			
__ / __ / __	☐ Sì ☐ No			
__ / __ / __	☐ Sì ☐ No			
__ / __ / __	☐ Sì ☐ No			
__ / __ / __	☐ Sì ☐ No			
__ / __ / __	☐ Sì ☐ No			
__ / __ / __	☐ Sì ☐ No			
__ / __ / __	☐ Sì ☐ No			
__ / __ / __	☐ Sì ☐ No			
__ / __ / __	☐ Sì ☐ No			
__ / __ / __	☐ Sì ☐ No			
__ / __ / __	☐ Sì ☐ No			
__ / __ / __	☐ Sì ☐ No			
__ / __ / __	☐ Sì ☐ No			
__ / __ / __	☐ Sì ☐ No			

Numero di iscrizione	Telefono	E-mail	Quota sociale versata	Data di cessazione
				__ / __ / __
				__ / __ / __
				__ / __ / __
				__ / __ / __
				__ / __ / __
				__ / __ / __
				__ / __ / __
				__ / __ / __
				__ / __ / __
				__ / __ / __
				__ / __ / __
				__ / __ / __
				__ / __ / __
				__ / __ / __
				__ / __ / __
				__ / __ / __
				__ / __ / __
				__ / __ / __
				__ / __ / __

Numero di iscrizione	Telefono	E-mail	Quota sociale versata	Data di cessazione

Data di ammissione	Nuovo socio	Nome e Cognome	Indirizzo	Qualifica socio
__ / __ / __	☐ Sì ☐ No			
__ / __ / __	☐ Sì ☐ No			
__ / __ / __	☐ Sì ☐ No			
__ / __ / __	☐ Sì ☐ No			
__ / __ / __	☐ Sì ☐ No			
__ / __ / __	☐ Sì ☐ No			
__ / __ / __	☐ Sì ☐ No			
__ / __ / __	☐ Sì ☐ No			
__ / __ / __	☐ Sì ☐ No			
__ / __ / __	☐ Sì ☐ No			
__ / __ / __	☐ Sì ☐ No			
__ / __ / __	☐ Sì ☐ No			
__ / __ / __	☐ Sì ☐ No			
__ / __ / __	☐ Sì ☐ No			
__ / __ / __	☐ Sì ☐ No			
__ / __ / __	☐ Sì ☐ No			
__ / __ / __	☐ Sì ☐ No			
__ / __ / __	☐ Sì ☐ No			
__ / __ / __	☐ Sì ☐ No			

Numero di iscrizione	Telefono	E-mail	Quota sociale versata	Data di cessazione
				__ / __ / __
				__ / __ / __
				__ / __ / __
				__ / __ / __
				__ / __ / __
				__ / __ / __
				__ / __ / __
				__ / __ / __
				__ / __ / __
				__ / __ / __
				__ / __ / __
				__ / __ / __
				__ / __ / __
				__ / __ / __
				__ / __ / __
				__ / __ / __
				__ / __ / __
				__ / __ / __
				__ / __ / __
				__ / __ / __

Data di ammissione	Nuovo socio	Nome e Cognome	Indirizzo	Qualifica socio
__ / __ / __	☐ Sì ☐ No			
__ / __ / __	☐ Sì ☐ No			
__ / __ / __	☐ Sì ☐ No			
__ / __ / __	☐ Sì ☐ No			
__ / __ / __	☐ Sì ☐ No			
__ / __ / __	☐ Sì ☐ No			
__ / __ / __	☐ Sì ☐ No			
__ / __ / __	☐ Sì ☐ No			
__ / __ / __	☐ Sì ☐ No			
__ / __ / __	☐ Sì ☐ No			
__ / __ / __	☐ Sì ☐ No			
__ / __ / __	☐ Sì ☐ No			
__ / __ / __	☐ Sì ☐ No			
__ / __ / __	☐ Sì ☐ No			
__ / __ / __	☐ Sì ☐ No			
__ / __ / __	☐ Sì ☐ No			
__ / __ / __	☐ Sì ☐ No			
__ / __ / __	☐ Sì ☐ No			
__ / __ / __	☐ Sì ☐ No			

Numero di iscrizione	Telefono	E-mail	Quota sociale versata	Data di cessazione
				__ / __ / __
				__ / __ / __
				__ / __ / __
				__ / __ / __
				__ / __ / __
				__ / __ / __
				__ / __ / __
				__ / __ / __
				__ / __ / __
				__ / __ / __
				__ / __ / __
				__ / __ / __
				__ / __ / __
				__ / __ / __
				__ / __ / __
				__ / __ / __
				__ / __ / __
				__ / __ / __
				__ / __ / __
				__ / __ / __

Data di ammissione	Nuovo socio	Nome e Cognome	Indirizzo	Qualifica socio
__ / __ / __	☐Sì ☐No			
__ / __ / __	☐Sì ☐No			
__ / __ / __	☐Sì ☐No			
__ / __ / __	☐Sì ☐No			
__ / __ / __	☐Sì ☐No			
__ / __ / __	☐Sì ☐No			
__ / __ / __	☐Sì ☐No			
__ / __ / __	☐Sì ☐No			
__ / __ / __	☐Sì ☐No			
__ / __ / __	☐Sì ☐No			
__ / __ / __	☐Sì ☐No			
__ / __ / __	☐Sì ☐No			
__ / __ / __	☐Sì ☐No			
__ / __ / __	☐Sì ☐No			
__ / __ / __	☐Sì ☐No			
__ / __ / __	☐Sì ☐No			
__ / __ / __	☐Sì ☐No			
__ / __ / __	☐Sì ☐No			
__ / __ / __	☐Sì ☐No			
__ / __ / __	☐Sì ☐No			

Data di ammissione	Nuovo socio	Nome e Cognome	Indirizzo	Qualifica socio

Numero di iscrizione	Telefono	E-mail	Quota sociale versata	Data di cessazione
				__ / __ / __
				__ / __ / __
				__ / __ / __
				__ / __ / __
				__ / __ / __
				__ / __ / __
				__ / __ / __
				__ / __ / __
				__ / __ / __
				__ / __ / __
				__ / __ / __
				__ / __ / __
				__ / __ / __
				__ / __ / __
				__ / __ / __
				__ / __ / __
				__ / __ / __
				__ / __ / __
				__ / __ / __
				__ / __ / __

Numero di iscrizione	Telefono	E-mail	Quota sociale versata	Data di cessazione

Data di ammissione	Nuovo socio	Nome e Cognome	Indirizzo	Qualifica socio
__ / __ / __	□ Sì □ No			
__ / __ / __	□ Sì □ No			
__ / __ / __	□ Sì □ No			
__ / __ / __	□ Sì □ No			
__ / __ / __	□ Sì □ No			
__ / __ / __	□ Sì □ No			
__ / __ / __	□ Sì □ No			
__ / __ / __	□ Sì □ No			
__ / __ / __	□ Sì □ No			
__ / __ / __	□ Sì □ No			
__ / __ / __	□ Sì □ No			
__ / __ / __	□ Sì □ No			
__ / __ / __	□ Sì □ No			
__ / __ / __	□ Sì □ No			
__ / __ / __	□ Sì □ No			
__ / __ / __	□ Sì □ No			
__ / __ / __	□ Sì □ No			
__ / __ / __	□ Sì □ No			
__ / __ / __	□ Sì □ No			
__ / __ / __	□ Sì □ No			

Data di ammissione	Nuovo socio	Nome e Cognome	Indirizzo	Qualifica socio

Numero di iscrizione	Telefono	E-mail	Quota sociale versata	Data di cessazione
				__ / __ / __
				__ / __ / __
				__ / __ / __
				__ / __ / __
				__ / __ / __
				__ / __ / __
				__ / __ / __
				__ / __ / __
				__ / __ / __
				__ / __ / __
				__ / __ / __
				__ / __ / __
				__ / __ / __
				__ / __ / __
				__ / __ / __
				__ / __ / __
				__ / __ / __
				__ / __ / __
				__ / __ / __
				__ / __ / __

Numero di iscrizione	Telefono	E-mail	Quota sociale versata	Data di cessazione

Data di ammissione	Nuovo socio	Nome e Cognome	Indirizzo	Qualifica socio
__ / __ / __	☐ Sì ☐ No			
__ / __ / __	☐ Sì ☐ No			
__ / __ / __	☐ Sì ☐ No			
__ / __ / __	☐ Sì ☐ No			
__ / __ / __	☐ Sì ☐ No			
__ / __ / __	☐ Sì ☐ No			
__ / __ / __	☐ Sì ☐ No			
__ / __ / __	☐ Sì ☐ No			
__ / __ / __	☐ Sì ☐ No			
__ / __ / __	☐ Sì ☐ No			
__ / __ / __	☐ Sì ☐ No			
__ / __ / __	☐ Sì ☐ No			
__ / __ / __	☐ Sì ☐ No			
__ / __ / __	☐ Sì ☐ No			
__ / __ / __	☐ Sì ☐ No			
__ / __ / __	☐ Sì ☐ No			
__ / __ / __	☐ Sì ☐ No			
__ / __ / __	☐ Sì ☐ No			
__ / __ / __	☐ Sì ☐ No			

Numero di iscrizione	Telefono	E-mail	Quota sociale versata	Data di cessazione
				__ / __ / __
				__ / __ / __
				__ / __ / __
				__ / __ / __
				__ / __ / __
				__ / __ / __
				__ / __ / __
				__ / __ / __
				__ / __ / __
				__ / __ / __
				__ / __ / __
				__ / __ / __
				__ / __ / __
				__ / __ / __
				__ / __ / __
				__ / __ / __
				__ / __ / __
				__ / __ / __
				__ / __ / __
				__ / __ / __

Numero di iscrizione	Telefono	E-mail	Quota sociale versata	Data di cessazione

Data di ammissione	Nuovo socio	Nome e Cognome	Indirizzo	Qualifica socio
__ / __ / __	☐ Sì ☐ No			
__ / __ / __	☐ Sì ☐ No			
__ / __ / __	☐ Sì ☐ No			
__ / __ / __	☐ Sì ☐ No			
__ / __ / __	☐ Sì ☐ No			
__ / __ / __	☐ Sì ☐ No			
__ / __ / __	☐ Sì ☐ No			
__ / __ / __	☐ Sì ☐ No			
__ / __ / __	☐ Sì ☐ No			
__ / __ / __	☐ Sì ☐ No			
__ / __ / __	☐ Sì ☐ No			
__ / __ / __	☐ Sì ☐ No			
__ / __ / __	☐ Sì ☐ No			
__ / __ / __	☐ Sì ☐ No			
__ / __ / __	☐ Sì ☐ No			
__ / __ / __	☐ Sì ☐ No			
__ / __ / __	☐ Sì ☐ No			
__ / __ / __	☐ Sì ☐ No			
__ / __ / __	☐ Sì ☐ No			
__ / __ / __	☐ Sì ☐ No			

Numero di iscrizione	Telefono	E-mail	Quota sociale versata	Data di cessazione
				__ / __ / __
				__ / __ / __
				__ / __ / __
				__ / __ / __
				__ / __ / __
				__ / __ / __
				__ / __ / __
				__ / __ / __
				__ / __ / __
				__ / __ / __
				__ / __ / __
				__ / __ / __
				__ / __ / __
				__ / __ / __
				__ / __ / __
				__ / __ / __
				__ / __ / __
				__ / __ / __
				__ / __ / __
Numero di iscrizione	Telefono	E-mail	Quota sociale versata	Data di cessazione

Data di ammissione	Nuovo socio	Nome e Cognome	Indirizzo	Qualifica socio
__ / __ / __	☐ Sì ☐ No			
__ / __ / __	☐ Sì ☐ No			
__ / __ / __	☐ Sì ☐ No			
__ / __ / __	☐ Sì ☐ No			
__ / __ / __	☐ Sì ☐ No			
__ / __ / __	☐ Sì ☐ No			
__ / __ / __	☐ Sì ☐ No			
__ / __ / __	☐ Sì ☐ No			
__ / __ / __	☐ Sì ☐ No			
__ / __ / __	☐ Sì ☐ No			
__ / __ / __	☐ Sì ☐ No			
__ / __ / __	☐ Sì ☐ No			
__ / __ / __	☐ Sì ☐ No			
__ / __ / __	☐ Sì ☐ No			
__ / __ / __	☐ Sì ☐ No			
__ / __ / __	☐ Sì ☐ No			
__ / __ / __	☐ Sì ☐ No			
__ / __ / __	☐ Sì ☐ No			
__ / __ / __	☐ Sì ☐ No			
__ / __ / __	☐ Sì ☐ No			

Data di ammissione	Nuovo socio	Nome e Cognome	Indirizzo	Qualifica socio

Numero di iscrizione	Telefono	E-mail	Quota sociale versata	Data di cessazione
				__ / __ / __
				__ / __ / __
				__ / __ / __
				__ / __ / __
				__ / __ / __
				__ / __ / __
				__ / __ / __
				__ / __ / __
				__ / __ / __
				__ / __ / __
				__ / __ / __
				__ / __ / __
				__ / __ / __
				__ / __ / __
				__ / __ / __
				__ / __ / __
				__ / __ / __
				__ / __ / __
				__ / __ / __
				__ / __ / __

Data di ammissione	Nuovo socio	Nome e Cognome	Indirizzo	Qualifica socio
__ / __ / __	□ Sì □ No			
__ / __ / __	□ Sì □ No			
__ / __ / __	□ Sì □ No			
__ / __ / __	□ Sì □ No			
__ / __ / __	□ Sì □ No			
__ / __ / __	□ Sì □ No			
__ / __ / __	□ Sì □ No			
__ / __ / __	□ Sì □ No			
__ / __ / __	□ Sì □ No			
__ / __ / __	□ Sì □ No			
__ / __ / __	□ Sì □ No			
__ / __ / __	□ Sì □ No			
__ / __ / __	□ Sì □ No			
__ / __ / __	□ Sì □ No			
__ / __ / __	□ Sì □ No			
__ / __ / __	□ Sì □ No			
__ / __ / __	□ Sì □ No			
__ / __ / __	□ Sì □ No			
__ / __ / __	□ Sì □ No			
__ / __ / __	□ Sì □ No			

Data di ammissione	Nuovo socio	Nome e Cognome	Indirizzo	Qualifica socio

Numero di iscrizione	Telefono	E-mail	Quota sociale versata	Data di cessazione
				__ / __ / __
				__ / __ / __
				__ / __ / __
				__ / __ / __
				__ / __ / __
				__ / __ / __
				__ / __ / __
				__ / __ / __
				__ / __ / __
				__ / __ / __
				__ / __ / __
				__ / __ / __
				__ / __ / __
				__ / __ / __
				__ / __ / __
				__ / __ / __
				__ / __ / __
				__ / __ / __
				__ / __ / __

Numero di iscrizione	Telefono	E-mail	Quota sociale versata	Data di cessazione

Data di ammissione	Nuovo socio	Nome e Cognome	Indirizzo	Qualifica socio
__ / __ / __	☐Sì ☐No			
__ / __ / __	☐Sì ☐No			
__ / __ / __	☐Sì ☐No			
__ / __ / __	☐Sì ☐No			
__ / __ / __	☐Sì ☐No			
__ / __ / __	☐Sì ☐No			
__ / __ / __	☐Sì ☐No			
__ / __ / __	☐Sì ☐No			
__ / __ / __	☐Sì ☐No			
__ / __ / __	☐Sì ☐No			
__ / __ / __	☐Sì ☐No			
__ / __ / __	☐Sì ☐No			
__ / __ / __	☐Sì ☐No			
__ / __ / __	☐Sì ☐No			
__ / __ / __	☐Sì ☐No			
__ / __ / __	☐Sì ☐No			
__ / __ / __	☐Sì ☐No			
__ / __ / __	☐Sì ☐No			
__ / __ / __	☐Sì ☐No			
__ / __ / __	☐Sì ☐No			

Data di ammissione	Nuovo socio	Nome e Cognome	Indirizzo	Qualifica socio

Numero di iscrizione	Telefono	E-mail	Quota sociale versata	Data di cessazione
				__ / __ / __
				__ / __ / __
				__ / __ / __
				__ / __ / __
				__ / __ / __
				__ / __ / __
				__ / __ / __
				__ / __ / __
				__ / __ / __
				__ / __ / __
				__ / __ / __
				__ / __ / __
				__ / __ / __
				__ / __ / __
				__ / __ / __
				__ / __ / __
				__ / __ / __
				__ / __ / __
				__ / __ / __

Numero di iscrizione	Telefono	E-mail	Quota sociale versata	Data di cessazione

Data di ammissione	Nuovo socio	Nome e Cognome	Indirizzo	Qualifica socio
__ / __ / __	□ Sì □ No			
__ / __ / __	□ Sì □ No			
__ / __ / __	□ Sì □ No			
__ / __ / __	□ Sì □ No			
__ / __ / __	□ Sì □ No			
__ / __ / __	□ Sì □ No			
__ / __ / __	□ Sì □ No			
__ / __ / __	□ Sì □ No			
__ / __ / __	□ Sì □ No			
__ / __ / __	□ Sì □ No			
__ / __ / __	□ Sì □ No			
__ / __ / __	□ Sì □ No			
__ / __ / __	□ Sì □ No			
__ / __ / __	□ Sì □ No			
__ / __ / __	□ Sì □ No			
__ / __ / __	□ Sì □ No			
__ / __ / __	□ Sì □ No			
__ / __ / __	□ Sì □ No			
__ / __ / __	□ Sì □ No			

Data di ammissione	Nuovo socio	Nome e Cognome	Indirizzo	Qualifica socio

Numero di iscrizione	Telefono	E-mail	Quota sociale versata	Data di cessazione
				__ / __ / __
				__ / __ / __
				__ / __ / __
				__ / __ / __
				__ / __ / __
				__ / __ / __
				__ / __ / __
				__ / __ / __
				__ / __ / __
				__ / __ / __
				__ / __ / __
				__ / __ / __
				__ / __ / __
				__ / __ / __
				__ / __ / __
				__ / __ / __
				__ / __ / __
				__ / __ / __
				__ / __ / __

Numero di iscrizione	Telefono	E-mail	Quota sociale versata	Data di cessazione

Data di ammissione	Nuovo socio	Nome e Cognome	Indirizzo	Qualifica socio
__ / __ / __	□ Sì □ No			
__ / __ / __	□ Sì □ No			
__ / __ / __	□ Sì □ No			
__ / __ / __	□ Sì □ No			
__ / __ / __	□ Sì □ No			
__ / __ / __	□ Sì □ No			
__ / __ / __	□ Sì □ No			
__ / __ / __	□ Sì □ No			
__ / __ / __	□ Sì □ No			
__ / __ / __	□ Sì □ No			
__ / __ / __	□ Sì □ No			
__ / __ / __	□ Sì □ No			
__ / __ / __	□ Sì □ No			
__ / __ / __	□ Sì □ No			
__ / __ / __	□ Sì □ No			
__ / __ / __	□ Sì □ No			
__ / __ / __	□ Sì □ No			
__ / __ / __	□ Sì □ No			
__ / __ / __	□ Sì □ No			

Data di ammissione	Nuovo socio	Nome e Cognome	Indirizzo	Qualifica socio

Numero di iscrizione	Telefono	E-mail	Quota sociale versata	Data di cessazione
				__ / __ / __
				__ / __ / __
				__ / __ / __
				__ / __ / __
				__ / __ / __
				__ / __ / __
				__ / __ / __
				__ / __ / __
				__ / __ / __
				__ / __ / __
				__ / __ / __
				__ / __ / __
				__ / __ / __
				__ / __ / __
				__ / __ / __
				__ / __ / __
				__ / __ / __
				__ / __ / __
				__ / __ / __
				__ / __ / __

Data di ammissione	Nuovo socio	Nome e Cognome	Indirizzo	Qualifica socio
__ / __ / __	□ Sì □ No			
__ / __ / __	□ Sì □ No			
__ / __ / __	□ Sì □ No			
__ / __ / __	□ Sì □ No			
__ / __ / __	□ Sì □ No			
__ / __ / __	□ Sì □ No			
__ / __ / __	□ Sì □ No			
__ / __ / __	□ Sì □ No			
__ / __ / __	□ Sì □ No			
__ / __ / __	□ Sì □ No			
__ / __ / __	□ Sì □ No			
__ / __ / __	□ Sì □ No			
__ / __ / __	□ Sì □ No			
__ / __ / __	□ Sì □ No			
__ / __ / __	□ Sì □ No			
__ / __ / __	□ Sì □ No			
__ / __ / __	□ Sì □ No			
__ / __ / __	□ Sì □ No			
__ / __ / __	□ Sì □ No			
__ / __ / __	□ Sì □ No			
__ / __ / __	□ Sì □ No			

Data di ammissione	Nuovo socio	Nome e Cognome	Indirizzo	Qualifica socio

Numero di iscrizione	Telefono	E-mail	Quota sociale versata	Data di cessazione
				__ / __ / __
				__ / __ / __
				__ / __ / __
				__ / __ / __
				__ / __ / __
				__ / __ / __
				__ / __ / __
				__ / __ / __
				__ / __ / __
				__ / __ / __
				__ / __ / __
				__ / __ / __
				__ / __ / __
				__ / __ / __
				__ / __ / __
				__ / __ / __
				__ / __ / __
				__ / __ / __
				__ / __ / __
				__ / __ / __

Numero di iscrizione	Telefono	E-mail	Quota sociale versata	Data di cessazione

Data di ammissione	Nuovo socio	Nome e Cognome	Indirizzo	Qualifica socio
__ / __ / __	☐ Sì ☐ No			
__ / __ / __	☐ Sì ☐ No			
__ / __ / __	☐ Sì ☐ No			
__ / __ / __	☐ Sì ☐ No			
__ / __ / __	☐ Sì ☐ No			
__ / __ / __	☐ Sì ☐ No			
__ / __ / __	☐ Sì ☐ No			
__ / __ / __	☐ Sì ☐ No			
__ / __ / __	☐ Sì ☐ No			
__ / __ / __	☐ Sì ☐ No			
__ / __ / __	☐ Sì ☐ No			
__ / __ / __	☐ Sì ☐ No			
__ / __ / __	☐ Sì ☐ No			
__ / __ / __	☐ Sì ☐ No			
__ / __ / __	☐ Sì ☐ No			
__ / __ / __	☐ Sì ☐ No			
__ / __ / __	☐ Sì ☐ No			
__ / __ / __	☐ Sì ☐ No			
__ / __ / __	☐ Sì ☐ No			

Numero di iscrizione	Telefono	E-mail	Quota sociale versata	Data di cessazione
				__ / __ / __
				__ / __ / __
				__ / __ / __
				__ / __ / __
				__ / __ / __
				__ / __ / __
				__ / __ / __
				__ / __ / __
				__ / __ / __
				__ / __ / __
				__ / __ / __
				__ / __ / __
				__ / __ / __
				__ / __ / __
				__ / __ / __
				__ / __ / __
				__ / __ / __
				__ / __ / __
				__ / __ / __
				__ / __ / __
Numero di iscrizione	Telefono	E-mail	Quota sociale	Data di cessazione

Data di ammissione	Nuovo socio	Nome e Cognome	Indirizzo	Qualifica socio
__ / __ / __	☐ Sì ☐ No			
__ / __ / __	☐ Sì ☐ No			
__ / __ / __	☐ Sì ☐ No			
__ / __ / __	☐ Sì ☐ No			
__ / __ / __	☐ Sì ☐ No			
__ / __ / __	☐ Sì ☐ No			
__ / __ / __	☐ Sì ☐ No			
__ / __ / __	☐ Sì ☐ No			
__ / __ / __	☐ Sì ☐ No			
__ / __ / __	☐ Sì ☐ No			
__ / __ / __	☐ Sì ☐ No			
__ / __ / __	☐ Sì ☐ No			
__ / __ / __	☐ Sì ☐ No			
__ / __ / __	☐ Sì ☐ No			
__ / __ / __	☐ Sì ☐ No			
__ / __ / __	☐ Sì ☐ No			
__ / __ / __	☐ Sì ☐ No			
__ / __ / __	☐ Sì ☐ No			
__ / __ / __	☐ Sì ☐ No			
__ / __ / __	☐ Sì ☐ No			

Numero di iscrizione	Telefono	E-mail	Quota sociale versata	Data di cessazione
				__ / __ / __
				__ / __ / __
				__ / __ / __
				__ / __ / __
				__ / __ / __
				__ / __ / __
				__ / __ / __
				__ / __ / __
				__ / __ / __
				__ / __ / __
				__ / __ / __
				__ / __ / __
				__ / __ / __
				__ / __ / __
				__ / __ / __
				__ / __ / __
				__ / __ / __
				__ / __ / __
				__ / __ / __
				__ / __ / __

Numero di iscrizione	Telefono	E-mail	Quota sociale versata	Data di cessazione

Data di ammissione	Nuovo socio	Nome e Cognome	Indirizzo	Qualifica socio
__ / __ / __	☐ Sì ☐ No			
__ / __ / __	☐ Sì ☐ No			
__ / __ / __	☐ Sì ☐ No			
__ / __ / __	☐ Sì ☐ No			
__ / __ / __	☐ Sì ☐ No			
__ / __ / __	☐ Sì ☐ No			
__ / __ / __	☐ Sì ☐ No			
__ / __ / __	☐ Sì ☐ No			
__ / __ / __	☐ Sì ☐ No			
__ / __ / __	☐ Sì ☐ No			
__ / __ / __	☐ Sì ☐ No			
__ / __ / __	☐ Sì ☐ No			
__ / __ / __	☐ Sì ☐ No			
__ / __ / __	☐ Sì ☐ No			
__ / __ / __	☐ Sì ☐ No			
__ / __ / __	☐ Sì ☐ No			
__ / __ / __	☐ Sì ☐ No			
__ / __ / __	☐ Sì ☐ No			
__ / __ / __	☐ Sì ☐ No			
__ / __ / __	☐ Sì ☐ No			

Numero di iscrizione	Telefono	E-mail	Quota sociale versata	Data di cessazione
				__ / __ / __
				__ / __ / __
				__ / __ / __
				__ / __ / __
				__ / __ / __
				__ / __ / __
				__ / __ / __
				__ / __ / __
				__ / __ / __
				__ / __ / __
				__ / __ / __
				__ / __ / __
				__ / __ / __
				__ / __ / __
				__ / __ / __
				__ / __ / __
				__ / __ / __
				__ / __ / __
				__ / __ / __
				__ / __ / __

Data di ammissione	Nuovo socio	Nome e Cognome	Indirizzo	Qualifica socio
__ / __ / __	☐ Sì ☐ No			
__ / __ / __	☐ Sì ☐ No			
__ / __ / __	☐ Sì ☐ No			
__ / __ / __	☐ Sì ☐ No			
__ / __ / __	☐ Sì ☐ No			
__ / __ / __	☐ Sì ☐ No			
__ / __ / __	☐ Sì ☐ No			
__ / __ / __	☐ Sì ☐ No			
__ / __ / __	☐ Sì ☐ No			
__ / __ / __	☐ Sì ☐ No			
__ / __ / __	☐ Sì ☐ No			
__ / __ / __	☐ Sì ☐ No			
__ / __ / __	☐ Sì ☐ No			
__ / __ / __	☐ Sì ☐ No			
__ / __ / __	☐ Sì ☐ No			
__ / __ / __	☐ Sì ☐ No			
__ / __ / __	☐ Sì ☐ No			
__ / __ / __	☐ Sì ☐ No			
__ / __ / __	☐ Sì ☐ No			

Numero di iscrizione	Telefono	E-mail	Quota sociale versata	Data di cessazione
				__ / __ / __
				__ / __ / __
				__ / __ / __
				__ / __ / __
				__ / __ / __
				__ / __ / __
				__ / __ / __
				__ / __ / __
				__ / __ / __
				__ / __ / __
				__ / __ / __
				__ / __ / __
				__ / __ / __
				__ / __ / __
				__ / __ / __
				__ / __ / __
				__ / __ / __
				__ / __ / __
				__ / __ / __
				__ / __ / __

Numero di iscrizione	Telefono	E-mail	Quota sociale versata	Data di cessazione

Data di ammissione	Nuovo socio	Nome e Cognome	Indirizzo	Qualifica socio
__ / __ / __	☐ Sì ☐ No			
__ / __ / __	☐ Sì ☐ No			
__ / __ / __	☐ Sì ☐ No			
__ / __ / __	☐ Sì ☐ No			
__ / __ / __	☐ Sì ☐ No			
__ / __ / __	☐ Sì ☐ No			
__ / __ / __	☐ Sì ☐ No			
__ / __ / __	☐ Sì ☐ No			
__ / __ / __	☐ Sì ☐ No			
__ / __ / __	☐ Sì ☐ No			
__ / __ / __	☐ Sì ☐ No			
__ / __ / __	☐ Sì ☐ No			
__ / __ / __	☐ Sì ☐ No			
__ / __ / __	☐ Sì ☐ No			
__ / __ / __	☐ Sì ☐ No			
__ / __ / __	☐ Sì ☐ No			
__ / __ / __	☐ Sì ☐ No			
__ / __ / __	☐ Sì ☐ No			
__ / __ / __	☐ Sì ☐ No			

Numero di iscrizione	Telefono	E-mail	Quota sociale versata	Data di cessazione
				__ / __ / __
				__ / __ / __
				__ / __ / __
				__ / __ / __
				__ / __ / __
				__ / __ / __
				__ / __ / __
				__ / __ / __
				__ / __ / __
				__ / __ / __
				__ / __ / __
				__ / __ / __
				__ / __ / __
				__ / __ / __
				__ / __ / __
				__ / __ / __
				__ / __ / __
				__ / __ / __
				__ / __ / __
				__ / __ / __

Numero di iscrizione	Telefono	E-mail	Quota sociale versata	Data di cessazione

Data di ammissione	Nuovo socio	Nome e Cognome	Indirizzo	Qualifica socio
__ / __ / __	☐ Sì ☐ No			
__ / __ / __	☐ Sì ☐ No			
__ / __ / __	☐ Sì ☐ No			
__ / __ / __	☐ Sì ☐ No			
__ / __ / __	☐ Sì ☐ No			
__ / __ / __	☐ Sì ☐ No			
__ / __ / __	☐ Sì ☐ No			
__ / __ / __	☐ Sì ☐ No			
__ / __ / __	☐ Sì ☐ No			
__ / __ / __	☐ Sì ☐ No			
__ / __ / __	☐ Sì ☐ No			
__ / __ / __	☐ Sì ☐ No			
__ / __ / __	☐ Sì ☐ No			
__ / __ / __	☐ Sì ☐ No			
__ / __ / __	☐ Sì ☐ No			
__ / __ / __	☐ Sì ☐ No			
__ / __ / __	☐ Sì ☐ No			
__ / __ / __	☐ Sì ☐ No			
__ / __ / __	☐ Sì ☐ No			
__ / __ / __	☐ Sì ☐ No			

Numero di iscrizione	Telefono	E-mail	Quota sociale versata	Data di cessazione
				__ / __ / __
				__ / __ / __
				__ / __ / __
				__ / __ / __
				__ / __ / __
				__ / __ / __
				__ / __ / __
				__ / __ / __
				__ / __ / __
				__ / __ / __
				__ / __ / __
				__ / __ / __
				__ / __ / __
				__ / __ / __
				__ / __ / __
				__ / __ / __
				__ / __ / __
				__ / __ / __
				__ / __ / __
				__ / __ / __

Numero di iscrizione	Telefono	E-mail	Quota sociale versata	Data di cessazione

Data di ammissione	Nuovo socio	Nome e Cognome	Indirizzo	Qualifica socio
__ / __ / __	☐ Sì ☐ No			
__ / __ / __	☐ Sì ☐ No			
__ / __ / __	☐ Sì ☐ No			
__ / __ / __	☐ Sì ☐ No			
__ / __ / __	☐ Sì ☐ No			
__ / __ / __	☐ Sì ☐ No			
__ / __ / __	☐ Sì ☐ No			
__ / __ / __	☐ Sì ☐ No			
__ / __ / __	☐ Sì ☐ No			
__ / __ / __	☐ Sì ☐ No			
__ / __ / __	☐ Sì ☐ No			
__ / __ / __	☐ Sì ☐ No			
__ / __ / __	☐ Sì ☐ No			
__ / __ / __	☐ Sì ☐ No			
__ / __ / __	☐ Sì ☐ No			
__ / __ / __	☐ Sì ☐ No			
__ / __ / __	☐ Sì ☐ No			
__ / __ / __	☐ Sì ☐ No			
__ / __ / __	☐ Sì ☐ No			

Numero di iscrizione	Telefono	E-mail	Quota sociale versata	Data di cessazione
				__ / __ / __
				__ / __ / __
				__ / __ / __
				__ / __ / __
				__ / __ / __
				__ / __ / __
				__ / __ / __
				__ / __ / __
				__ / __ / __
				__ / __ / __
				__ / __ / __
				__ / __ / __
				__ / __ / __
				__ / __ / __
				__ / __ / __
				__ / __ / __
				__ / __ / __
				__ / __ / __
				__ / __ / __
				__ / __ / __
Numero di iscrizione	Telefono	E-mail	Quota sociale versata	Data di cessazione

Data di ammissione	Nuovo socio	Nome e Cognome	Indirizzo	Qualifica socio
__ / __ / __	☐ Sì ☐ No			
__ / __ / __	☐ Sì ☐ No			
__ / __ / __	☐ Sì ☐ No			
__ / __ / __	☐ Sì ☐ No			
__ / __ / __	☐ Sì ☐ No			
__ / __ / __	☐ Sì ☐ No			
__ / __ / __	☐ Sì ☐ No			
__ / __ / __	☐ Sì ☐ No			
__ / __ / __	☐ Sì ☐ No			
__ / __ / __	☐ Sì ☐ No			
__ / __ / __	☐ Sì ☐ No			
__ / __ / __	☐ Sì ☐ No			
__ / __ / __	☐ Sì ☐ No			
__ / __ / __	☐ Sì ☐ No			
__ / __ / __	☐ Sì ☐ No			
__ / __ / __	☐ Sì ☐ No			
__ / __ / __	☐ Sì ☐ No			
__ / __ / __	☐ Sì ☐ No			
__ / __ / __	☐ Sì ☐ No			
__ / __ / __	☐ Sì ☐ No			

Data di ammissione	Nuovo socio	Nome e Cognome	Indirizzo	Qualifica socio

Numero di iscrizione	Telefono	E-mail	Quota sociale versata	Data di cessazione
				__ / __ / __
				__ / __ / __
				__ / __ / __
				__ / __ / __
				__ / __ / __
				__ / __ / __
				__ / __ / __
				__ / __ / __
				__ / __ / __
				__ / __ / __
				__ / __ / __
				__ / __ / __
				__ / __ / __
				__ / __ / __
				__ / __ / __
				__ / __ / __
				__ / __ / __
				__ / __ / __
				__ / __ / __

Numero di iscrizione	Telefono	E-mail	Quota sociale versata	Data di cessazione

Data di ammissione	Nuovo socio	Nome e Cognome	Indirizzo	Qualifica socio
__ / __ / __	☐Sì ☐No			
__ / __ / __	☐Sì ☐No			
__ / __ / __	☐Sì ☐No			
__ / __ / __	☐Sì ☐No			
__ / __ / __	☐Sì ☐No			
__ / __ / __	☐Sì ☐No			
__ / __ / __	☐Sì ☐No			
__ / __ / __	☐Sì ☐No			
__ / __ / __	☐Sì ☐No			
__ / __ / __	☐Sì ☐No			
__ / __ / __	☐Sì ☐No			
__ / __ / __	☐Sì ☐No			
__ / __ / __	☐Sì ☐No			
__ / __ / __	☐Sì ☐No			
__ / __ / __	☐Sì ☐No			
__ / __ / __	☐Sì ☐No			
__ / __ / __	☐Sì ☐No			
__ / __ / __	☐Sì ☐No			
__ / __ / __	☐Sì ☐No			
__ / __ / __	☐Sì ☐No			

Data di ammissione	Nuovo socio	Nome e Cognome	Indirizzo	Qualifica socio

Numero di iscrizione	Telefono	E-mail	Quota sociale versata	Data di cessazione
				__ / __ / __
				__ / __ / __
				__ / __ / __
				__ / __ / __
				__ / __ / __
				__ / __ / __
				__ / __ / __
				__ / __ / __
				__ / __ / __
				__ / __ / __
				__ / __ / __
				__ / __ / __
				__ / __ / __
				__ / __ / __
				__ / __ / __
				__ / __ / __
				__ / __ / __
				__ / __ / __
				__ / __ / __
				__ / __ / __

Numero di iscrizione	Telefono	E-mail	Quota sociale versata	Data di cessazione

Data di ammissione	Nuovo socio	Nome e Cognome	Indirizzo	Qualifica socio
__ / __ / __	☐ Sì ☐ No			
__ / __ / __	☐ Sì ☐ No			
__ / __ / __	☐ Sì ☐ No			
__ / __ / __	☐ Sì ☐ No			
__ / __ / __	☐ Sì ☐ No			
__ / __ / __	☐ Sì ☐ No			
__ / __ / __	☐ Sì ☐ No			
__ / __ / __	☐ Sì ☐ No			
__ / __ / __	☐ Sì ☐ No			
__ / __ / __	☐ Sì ☐ No			
__ / __ / __	☐ Sì ☐ No			
__ / __ / __	☐ Sì ☐ No			
__ / __ / __	☐ Sì ☐ No			
__ / __ / __	☐ Sì ☐ No			
__ / __ / __	☐ Sì ☐ No			
__ / __ / __	☐ Sì ☐ No			
__ / __ / __	☐ Sì ☐ No			
__ / __ / __	☐ Sì ☐ No			
__ / __ / __	☐ Sì ☐ No			
__ / __ / __	☐ Sì ☐ No			

Numero di iscrizione	Telefono	E-mail	Quota sociale versata	Data di cessazione
				__ / __ / __
				__ / __ / __
				__ / __ / __
				__ / __ / __
				__ / __ / __
				__ / __ / __
				__ / __ / __
				__ / __ / __
				__ / __ / __
				__ / __ / __
				__ / __ / __
				__ / __ / __
				__ / __ / __
				__ / __ / __
				__ / __ / __
				__ / __ / __
				__ / __ / __
				__ / __ / __
				__ / __ / __
				__ / __ / __

Numero di iscrizione	Telefono	E-mail	Quota sociale versata	Data di cessazione

Data di ammissione	Nuovo socio	Nome e Cognome	Indirizzo	Qualifica socio
__ / __ / __	☐ Sì ☐ No			
__ / __ / __	☐ Sì ☐ No			
__ / __ / __	☐ Sì ☐ No			
__ / __ / __	☐ Sì ☐ No			
__ / __ / __	☐ Sì ☐ No			
__ / __ / __	☐ Sì ☐ No			
__ / __ / __	☐ Sì ☐ No			
__ / __ / __	☐ Sì ☐ No			
__ / __ / __	☐ Sì ☐ No			
__ / __ / __	☐ Sì ☐ No			
__ / __ / __	☐ Sì ☐ No			
__ / __ / __	☐ Sì ☐ No			
__ / __ / __	☐ Sì ☐ No			
__ / __ / __	☐ Sì ☐ No			
__ / __ / __	☐ Sì ☐ No			
__ / __ / __	☐ Sì ☐ No			
__ / __ / __	☐ Sì ☐ No			
__ / __ / __	☐ Sì ☐ No			
__ / __ / __	☐ Sì ☐ No			
__ / __ / __	☐ Sì ☐ No			

Numero di iscrizione	Telefono	E-mail	Quota sociale versata	Data di cessazione
				__ / __ / __
				__ / __ / __
				__ / __ / __
				__ / __ / __
				__ / __ / __
				__ / __ / __
				__ / __ / __
				__ / __ / __
				__ / __ / __
				__ / __ / __
				__ / __ / __
				__ / __ / __
				__ / __ / __
				__ / __ / __
				__ / __ / __
				__ / __ / __
				__ / __ / __
				__ / __ / __
				__ / __ / __
Numero di iscrizione	Telefono	E-mail	Quota sociale versata	Data di cessazione

Data di ammissione	Nuovo socio	Nome e Cognome	Indirizzo	Qualifica socio
__ / __ / __	□ Sì □ No			
__ / __ / __	□ Sì □ No			
__ / __ / __	□ Sì □ No			
__ / __ / __	□ Sì □ No			
__ / __ / __	□ Sì □ No			
__ / __ / __	□ Sì □ No			
__ / __ / __	□ Sì □ No			
__ / __ / __	□ Sì □ No			
__ / __ / __	□ Sì □ No			
__ / __ / __	□ Sì □ No			
__ / __ / __	□ Sì □ No			
__ / __ / __	□ Sì □ No			
__ / __ / __	□ Sì □ No			
__ / __ / __	□ Sì □ No			
__ / __ / __	□ Sì □ No			
__ / __ / __	□ Sì □ No			
__ / __ / __	□ Sì □ No			
__ / __ / __	□ Sì □ No			
__ / __ / __	□ Sì □ No			
__ / __ / __	□ Sì □ No			

Data di ammissione	Nuovo socio	Nome e Cognome	Indirizzo	Qualifica socio

Numero di iscrizione	Telefono	E-mail	Quota sociale versata	Data di cessazione
				__ / __ / __
				__ / __ / __
				__ / __ / __
				__ / __ / __
				__ / __ / __
				__ / __ / __
				__ / __ / __
				__ / __ / __
				__ / __ / __
				__ / __ / __
				__ / __ / __
				__ / __ / __
				__ / __ / __
				__ / __ / __
				__ / __ / __
				__ / __ / __
				__ / __ / __
				__ / __ / __
				__ / __ / __
				__ / __ / __

Data di ammissione	Nuovo socio	Nome e Cognome	Indirizzo	Qualifica socio
__ / __ / __	□ Sì □ No			
__ / __ / __	□ Sì □ No			
__ / __ / __	□ Sì □ No			
__ / __ / __	□ Sì □ No			
__ / __ / __	□ Sì □ No			
__ / __ / __	□ Sì □ No			
__ / __ / __	□ Sì □ No			
__ / __ / __	□ Sì □ No			
__ / __ / __	□ Sì □ No			
__ / __ / __	□ Sì □ No			
__ / __ / __	□ Sì □ No			
__ / __ / __	□ Sì □ No			
__ / __ / __	□ Sì □ No			
__ / __ / __	□ Sì □ No			
__ / __ / __	□ Sì □ No			
__ / __ / __	□ Sì □ No			
__ / __ / __	□ Sì □ No			
__ / __ / __	□ Sì □ No			
__ / __ / __	□ Sì □ No			

Data di ammissione	Nuovo socio	Nome e Cognome	Indirizzo	Qualifica socio

Numero di iscrizione	Telefono	E-mail	Quota sociale versata	Data di cessazione
				__ / __ / __
				__ / __ / __
				__ / __ / __
				__ / __ / __
				__ / __ / __
				__ / __ / __
				__ / __ / __
				__ / __ / __
				__ / __ / __
				__ / __ / __
				__ / __ / __
				__ / __ / __
				__ / __ / __
				__ / __ / __
				__ / __ / __
				__ / __ / __
				__ / __ / __
				__ / __ / __
				__ / __ / __
				__ / __ / __

Numero di iscrizione	Telefono	E-mail	Quota sociale versata	Data di cessazione

Data di ammissione	Nuovo socio	Nome e Cognome	Indirizzo	Qualifica socio
__ / __ / __	☐ Sì ☐ No			
__ / __ / __	☐ Sì ☐ No			
__ / __ / __	☐ Sì ☐ No			
__ / __ / __	☐ Sì ☐ No			
__ / __ / __	☐ Sì ☐ No			
__ / __ / __	☐ Sì ☐ No			
__ / __ / __	☐ Sì ☐ No			
__ / __ / __	☐ Sì ☐ No			
__ / __ / __	☐ Sì ☐ No			
__ / __ / __	☐ Sì ☐ No			
__ / __ / __	☐ Sì ☐ No			
__ / __ / __	☐ Sì ☐ No			
__ / __ / __	☐ Sì ☐ No			
__ / __ / __	☐ Sì ☐ No			
__ / __ / __	☐ Sì ☐ No			
__ / __ / __	☐ Sì ☐ No			
__ / __ / __	☐ Sì ☐ No			
__ / __ / __	☐ Sì ☐ No			
__ / __ / __	☐ Sì ☐ No			
__ / __ / __	☐ Sì ☐ No			

Numero di iscrizione	Telefono	E-mail	Quota sociale versata	Data di cessazione
				__ / __ / __
				__ / __ / __
				__ / __ / __
				__ / __ / __
				__ / __ / __
				__ / __ / __
				__ / __ / __
				__ / __ / __
				__ / __ / __
				__ / __ / __
				__ / __ / __
				__ / __ / __
				__ / __ / __
				__ / __ / __
				__ / __ / __
				__ / __ / __
				__ / __ / __
				__ / __ / __
				__ / __ / __

Numero di iscrizione	Telefono	E-mail	Quota sociale versata	Data di cessazione

Data di ammissione	Nuovo socio	Nome e Cognome	Indirizzo	Qualifica socio
__ / __ / __	☐ Sì ☐ No			
__ / __ / __	☐ Sì ☐ No			
__ / __ / __	☐ Sì ☐ No			
__ / __ / __	☐ Sì ☐ No			
__ / __ / __	☐ Sì ☐ No			
__ / __ / __	☐ Sì ☐ No			
__ / __ / __	☐ Sì ☐ No			
__ / __ / __	☐ Sì ☐ No			
__ / __ / __	☐ Sì ☐ No			
__ / __ / __	☐ Sì ☐ No			
__ / __ / __	☐ Sì ☐ No			
__ / __ / __	☐ Sì ☐ No			
__ / __ / __	☐ Sì ☐ No			
__ / __ / __	☐ Sì ☐ No			
__ / __ / __	☐ Sì ☐ No			
__ / __ / __	☐ Sì ☐ No			
__ / __ / __	☐ Sì ☐ No			
__ / __ / __	☐ Sì ☐ No			
__ / __ / __	☐ Sì ☐ No			

Data di ammissione	Nuovo socio	Nome e Cognome	Indirizzo	Qualifica socio

Numero di iscrizione	Telefono	E-mail	Quota sociale versata	Data di cessazione
				__ / __ / __
				__ / __ / __
				__ / __ / __
				__ / __ / __
				__ / __ / __
				__ / __ / __
				__ / __ / __
				__ / __ / __
				__ / __ / __
				__ / __ / __
				__ / __ / __
				__ / __ / __
				__ / __ / __
				__ / __ / __
				__ / __ / __
				__ / __ / __
				__ / __ / __
				__ / __ / __
				__ / __ / __
				__ / __ / __

Numero di iscrizione	Telefono	E-mail	Quota sociale versata	Data di cessazione

Data di ammissione	Nuovo socio	Nome e Cognome	Indirizzo	Qualifica socio
__ / __ / __	□ Sì □ No			
__ / __ / __	□ Sì □ No			
__ / __ / __	□ Sì □ No			
__ / __ / __	□ Sì □ No			
__ / __ / __	□ Sì □ No			
__ / __ / __	□ Sì □ No			
__ / __ / __	□ Sì □ No			
__ / __ / __	□ Sì □ No			
__ / __ / __	□ Sì □ No			
__ / __ / __	□ Sì □ No			
__ / __ / __	□ Sì □ No			
__ / __ / __	□ Sì □ No			
__ / __ / __	□ Sì □ No			
__ / __ / __	□ Sì □ No			
__ / __ / __	□ Sì □ No			
__ / __ / __	□ Sì □ No			
__ / __ / __	□ Sì □ No			
__ / __ / __	□ Sì □ No			
__ / __ / __	□ Sì □ No			
__ / __ / __	□ Sì □ No			

Numero di iscrizione	Telefono	E-mail	Quota sociale versata	Data di cessazione
				__ / __ / __
				__ / __ / __
				__ / __ / __
				__ / __ / __
				__ / __ / __
				__ / __ / __
				__ / __ / __
				__ / __ / __
				__ / __ / __
				__ / __ / __
				__ / __ / __
				__ / __ / __
				__ / __ / __
				__ / __ / __
				__ / __ / __
				__ / __ / __
				__ / __ / __
				__ / __ / __
				__ / __ / __
Numero di iscrizione	Telefono	E-mail	Quota sociale versata	Data di cessazione

Data di ammissione	Nuovo socio	Nome e Cognome	Indirizzo	Qualifica socio
__ / __ / __	☐Sì ☐No			
__ / __ / __	☐Sì ☐No			
__ / __ / __	☐Sì ☐No			
__ / __ / __	☐Sì ☐No			
__ / __ / __	☐Sì ☐No			
__ / __ / __	☐Sì ☐No			
__ / __ / __	☐Sì ☐No			
__ / __ / __	☐Sì ☐No			
__ / __ / __	☐Sì ☐No			
__ / __ / __	☐Sì ☐No			
__ / __ / __	☐Sì ☐No			
__ / __ / __	☐Sì ☐No			
__ / __ / __	☐Sì ☐No			
__ / __ / __	☐Sì ☐No			
__ / __ / __	☐Sì ☐No			
__ / __ / __	☐Sì ☐No			
__ / __ / __	☐Sì ☐No			
__ / __ / __	☐Sì ☐No			
__ / __ / __	☐Sì ☐No			

Numero di iscrizione	Telefono	E-mail	Quota sociale versata	Data di cessazione
				__ / __ / __
				__ / __ / __
				__ / __ / __
				__ / __ / __
				__ / __ / __
				__ / __ / __
				__ / __ / __
				__ / __ / __
				__ / __ / __
				__ / __ / __
				__ / __ / __
				__ / __ / __
				__ / __ / __
				__ / __ / __
				__ / __ / __
				__ / __ / __
				__ / __ / __
				__ / __ / __
				__ / __ / __
				__ / __ / __

Numero di iscrizione	Telefono	E-mail	Quota sociale versata	Data di cessazione

Data di ammissione	Nuovo socio	Nome e Cognome	Indirizzo	Qualifica socio
__ / __ / __	☐ Sì ☐ No			
__ / __ / __	☐ Sì ☐ No			
__ / __ / __	☐ Sì ☐ No			
__ / __ / __	☐ Sì ☐ No			
__ / __ / __	☐ Sì ☐ No			
__ / __ / __	☐ Sì ☐ No			
__ / __ / __	☐ Sì ☐ No			
__ / __ / __	☐ Sì ☐ No			
__ / __ / __	☐ Sì ☐ No			
__ / __ / __	☐ Sì ☐ No			
__ / __ / __	☐ Sì ☐ No			
__ / __ / __	☐ Sì ☐ No			
__ / __ / __	☐ Sì ☐ No			
__ / __ / __	☐ Sì ☐ No			
__ / __ / __	☐ Sì ☐ No			
__ / __ / __	☐ Sì ☐ No			
__ / __ / __	☐ Sì ☐ No			
__ / __ / __	☐ Sì ☐ No			
__ / __ / __	☐ Sì ☐ No			

Data di ammissione	Nuovo socio	Nome e Cognome	Indirizzo	Qualifica socio

Numero di iscrizione	Telefono	E-mail	Quota sociale versata	Data di cessazione
				__ / __ / __
				__ / __ / __
				__ / __ / __
				__ / __ / __
				__ / __ / __
				__ / __ / __
				__ / __ / __
				__ / __ / __
				__ / __ / __
				__ / __ / __
				__ / __ / __
				__ / __ / __
				__ / __ / __
				__ / __ / __
				__ / __ / __
				__ / __ / __
				__ / __ / __
				__ / __ / __
				__ / __ / __
				__ / __ / __

Data di ammissione	Nuovo socio	Nome e Cognome	Indirizzo	Qualifica socio
__ / __ / __	☐ Sì ☐ No			
__ / __ / __	☐ Sì ☐ No			
__ / __ / __	☐ Sì ☐ No			
__ / __ / __	☐ Sì ☐ No			
__ / __ / __	☐ Sì ☐ No			
__ / __ / __	☐ Sì ☐ No			
__ / __ / __	☐ Sì ☐ No			
__ / __ / __	☐ Sì ☐ No			
__ / __ / __	☐ Sì ☐ No			
__ / __ / __	☐ Sì ☐ No			
__ / __ / __	☐ Sì ☐ No			
__ / __ / __	☐ Sì ☐ No			
__ / __ / __	☐ Sì ☐ No			
__ / __ / __	☐ Sì ☐ No			
__ / __ / __	☐ Sì ☐ No			
__ / __ / __	☐ Sì ☐ No			
__ / __ / __	☐ Sì ☐ No			
__ / __ / __	☐ Sì ☐ No			
__ / __ / __	☐ Sì ☐ No			
__ / __ / __	☐ Sì ☐ No			

Data di ammissione	Nuovo socio	Nome e Cognome	Indirizzo	Qualifica socio

Numero di iscrizione	Telefono	E-mail	Quota sociale versata	Data di cessazione
				__ / __ / __
				__ / __ / __
				__ / __ / __
				__ / __ / __
				__ / __ / __
				__ / __ / __
				__ / __ / __
				__ / __ / __
				__ / __ / __
				__ / __ / __
				__ / __ / __
				__ / __ / __
				__ / __ / __
				__ / __ / __
				__ / __ / __
				__ / __ / __
				__ / __ / __
				__ / __ / __
				__ / __ / __
				__ / __ / __
Numero di iscrizione	Telefono	E-mail	Quota sociale versata	Data di cessazione

Data di ammissione	Nuovo socio	Nome e Cognome	Indirizzo	Qualifica socio
__ / __ / __	☐ Sì ☐ No			
__ / __ / __	☐ Sì ☐ No			
__ / __ / __	☐ Sì ☐ No			
__ / __ / __	☐ Sì ☐ No			
__ / __ / __	☐ Sì ☐ No			
__ / __ / __	☐ Sì ☐ No			
__ / __ / __	☐ Sì ☐ No			
__ / __ / __	☐ Sì ☐ No			
__ / __ / __	☐ Sì ☐ No			
__ / __ / __	☐ Sì ☐ No			
__ / __ / __	☐ Sì ☐ No			
__ / __ / __	☐ Sì ☐ No			
__ / __ / __	☐ Sì ☐ No			
__ / __ / __	☐ Sì ☐ No			
__ / __ / __	☐ Sì ☐ No			
__ / __ / __	☐ Sì ☐ No			
__ / __ / __	☐ Sì ☐ No			
__ / __ / __	☐ Sì ☐ No			
__ / __ / __	☐ Sì ☐ No			
__ / __ / __	☐ Sì ☐ No			

Data di ammissione	Nuovo socio	Nome e Cognome	Indirizzo	Qualifica socio

Numero di iscrizione	Telefono	E-mail	Quota sociale versata	Data di cessazione
				__ / __ / __
				__ / __ / __
				__ / __ / __
				__ / __ / __
				__ / __ / __
				__ / __ / __
				__ / __ / __
				__ / __ / __
				__ / __ / __
				__ / __ / __
				__ / __ / __
				__ / __ / __
				__ / __ / __
				__ / __ / __
				__ / __ / __
				__ / __ / __
				__ / __ / __
				__ / __ / __
				__ / __ / __
				__ / __ / __

| Numero di iscrizione | Telefono | E-mail | Quota sociale versata | Data di cessazione |

Data di ammissione	Nuovo socio	Nome e Cognome	Indirizzo	Qualifica socio
__ / __ / __	☐ Sì ☐ No			
__ / __ / __	☐ Sì ☐ No			
__ / __ / __	☐ Sì ☐ No			
__ / __ / __	☐ Sì ☐ No			
__ / __ / __	☐ Sì ☐ No			
__ / __ / __	☐ Sì ☐ No			
__ / __ / __	☐ Sì ☐ No			
__ / __ / __	☐ Sì ☐ No			
__ / __ / __	☐ Sì ☐ No			
__ / __ / __	☐ Sì ☐ No			
__ / __ / __	☐ Sì ☐ No			
__ / __ / __	☐ Sì ☐ No			
__ / __ / __	☐ Sì ☐ No			
__ / __ / __	☐ Sì ☐ No			
__ / __ / __	☐ Sì ☐ No			
__ / __ / __	☐ Sì ☐ No			
__ / __ / __	☐ Sì ☐ No			
__ / __ / __	☐ Sì ☐ No			
__ / __ / __	☐ Sì ☐ No			

Numero di iscrizione	Telefono	E-mail	Quota sociale versata	Data di cessazione
				__ / __ / __
				__ / __ / __
				__ / __ / __
				__ / __ / __
				__ / __ / __
				__ / __ / __
				__ / __ / __
				__ / __ / __
				__ / __ / __
				__ / __ / __
				__ / __ / __
				__ / __ / __
				__ / __ / __
				__ / __ / __
				__ / __ / __
				__ / __ / __
				__ / __ / __
				__ / __ / __
				__ / __ / __
				__ / __ / __

Numero di iscrizione	Telefono	E-mail	Quota sociale versata	Data di cessazione

Data di ammissione	Nuovo socio	Nome e Cognome	Indirizzo	Qualifica socio
__ / __ / __	☐ Sì ☐ No			
__ / __ / __	☐ Sì ☐ No			
__ / __ / __	☐ Sì ☐ No			
__ / __ / __	☐ Sì ☐ No			
__ / __ / __	☐ Sì ☐ No			
__ / __ / __	☐ Sì ☐ No			
__ / __ / __	☐ Sì ☐ No			
__ / __ / __	☐ Sì ☐ No			
__ / __ / __	☐ Sì ☐ No			
__ / __ / __	☐ Sì ☐ No			
__ / __ / __	☐ Sì ☐ No			
__ / __ / __	☐ Sì ☐ No			
__ / __ / __	☐ Sì ☐ No			
__ / __ / __	☐ Sì ☐ No			
__ / __ / __	☐ Sì ☐ No			
__ / __ / __	☐ Sì ☐ No			
__ / __ / __	☐ Sì ☐ No			
__ / __ / __	☐ Sì ☐ No			
__ / __ / __	☐ Sì ☐ No			

Numero di iscrizione	Telefono	E-mail	Quota sociale versata	Data di cessazione
				__ / __ / __
				__ / __ / __
				__ / __ / __
				__ / __ / __
				__ / __ / __
				__ / __ / __
				__ / __ / __
				__ / __ / __
				__ / __ / __
				__ / __ / __
				__ / __ / __
				__ / __ / __
				__ / __ / __
				__ / __ / __
				__ / __ / __
				__ / __ / __
				__ / __ / __
				__ / __ / __
				__ / __ / __
				__ / __ / __
Numero di iscrizione	Telefono	E-mail	Quota sociale versata	Data di cessazione

Data di ammissione	Nuovo socio	Nome e Cognome	Indirizzo	Qualifica socio
__ / __ / __	☐ Sì ☐ No			
__ / __ / __	☐ Sì ☐ No			
__ / __ / __	☐ Sì ☐ No			
__ / __ / __	☐ Sì ☐ No			
__ / __ / __	☐ Sì ☐ No			
__ / __ / __	☐ Sì ☐ No			
__ / __ / __	☐ Sì ☐ No			
__ / __ / __	☐ Sì ☐ No			
__ / __ / __	☐ Sì ☐ No			
__ / __ / __	☐ Sì ☐ No			
__ / __ / __	☐ Sì ☐ No			
__ / __ / __	☐ Sì ☐ No			
__ / __ / __	☐ Sì ☐ No			
__ / __ / __	☐ Sì ☐ No			
__ / __ / __	☐ Sì ☐ No			
__ / __ / __	☐ Sì ☐ No			
__ / __ / __	☐ Sì ☐ No			
__ / __ / __	☐ Sì ☐ No			
__ / __ / __	☐ Sì ☐ No			
__ / __ / __	☐ Sì ☐ No			

Numero di iscrizione	Telefono	E-mail	Quota sociale versata	Data di cessazione
				__ / __ / __
				__ / __ / __
				__ / __ / __
				__ / __ / __
				__ / __ / __
				__ / __ / __
				__ / __ / __
				__ / __ / __
				__ / __ / __
				__ / __ / __
				__ / __ / __
				__ / __ / __
				__ / __ / __
				__ / __ / __
				__ / __ / __
				__ / __ / __
				__ / __ / __
				__ / __ / __
				__ / __ / __
				__ / __ / __

Numero di iscrizione	Telefono	E-mail	Quota sociale versata	Data di cessazione

Data di ammissione	Nuovo socio	Nome e Cognome	Indirizzo	Qualifica socio
__ / __ / __	☐ Sì ☐ No			
__ / __ / __	☐ Sì ☐ No			
__ / __ / __	☐ Sì ☐ No			
__ / __ / __	☐ Sì ☐ No			
__ / __ / __	☐ Sì ☐ No			
__ / __ / __	☐ Sì ☐ No			
__ / __ / __	☐ Sì ☐ No			
__ / __ / __	☐ Sì ☐ No			
__ / __ / __	☐ Sì ☐ No			
__ / __ / __	☐ Sì ☐ No			
__ / __ / __	☐ Sì ☐ No			
__ / __ / __	☐ Sì ☐ No			
__ / __ / __	☐ Sì ☐ No			
__ / __ / __	☐ Sì ☐ No			
__ / __ / __	☐ Sì ☐ No			
__ / __ / __	☐ Sì ☐ No			
__ / __ / __	☐ Sì ☐ No			
__ / __ / __	☐ Sì ☐ No			
__ / __ / __	☐ Sì ☐ No			

Numero di iscrizione	Telefono	E-mail	Quota sociale versata	Data di cessazione
				__ / __ / __
				__ / __ / __
				__ / __ / __
				__ / __ / __
				__ / __ / __
				__ / __ / __
				__ / __ / __
				__ / __ / __
				__ / __ / __
				__ / __ / __
				__ / __ / __
				__ / __ / __
				__ / __ / __
				__ / __ / __
				__ / __ / __
				__ / __ / __
				__ / __ / __
				__ / __ / __
				__ / __ / __
Numero di iscrizione	Telefono	E-mail	Quota sociale versata	Data di cessazione

Data di ammissione	Nuovo socio	Nome e Cognome	Indirizzo	Qualifica socio
__ / __ / __	☐Sì ☐No			
__ / __ / __	☐Sì ☐No			
__ / __ / __	☐Sì ☐No			
__ / __ / __	☐Sì ☐No			
__ / __ / __	☐Sì ☐No			
__ / __ / __	☐Sì ☐No			
__ / __ / __	☐Sì ☐No			
__ / __ / __	☐Sì ☐No			
__ / __ / __	☐Sì ☐No			
__ / __ / __	☐Sì ☐No			
__ / __ / __	☐Sì ☐No			
__ / __ / __	☐Sì ☐No			
__ / __ / __	☐Sì ☐No			
__ / __ / __	☐Sì ☐No			
__ / __ / __	☐Sì ☐No			
__ / __ / __	☐Sì ☐No			
__ / __ / __	☐Sì ☐No			
__ / __ / __	☐Sì ☐No			
__ / __ / __	☐Sì ☐No			

Numero di iscrizione	Telefono	E-mail	Quota sociale versata	Data di cessazione
				__ / __ / __
				__ / __ / __
				__ / __ / __
				__ / __ / __
				__ / __ / __
				__ / __ / __
				__ / __ / __
				__ / __ / __
				__ / __ / __
				__ / __ / __
				__ / __ / __
				__ / __ / __
				__ / __ / __
				__ / __ / __
				__ / __ / __
				__ / __ / __
				__ / __ / __
				__ / __ / __
				__ / __ / __
Numero di iscrizione	Telefono	E-mail	Quota sociale versata	Data di cessazione

Data di ammissione	Nuovo socio	Nome e Cognome	Indirizzo	Qualifica socio
__ / __ / __	☐ Sì ☐ No			
__ / __ / __	☐ Sì ☐ No			
__ / __ / __	☐ Sì ☐ No			
__ / __ / __	☐ Sì ☐ No			
__ / __ / __	☐ Sì ☐ No			
__ / __ / __	☐ Sì ☐ No			
__ / __ / __	☐ Sì ☐ No			
__ / __ / __	☐ Sì ☐ No			
__ / __ / __	☐ Sì ☐ No			
__ / __ / __	☐ Sì ☐ No			
__ / __ / __	☐ Sì ☐ No			
__ / __ / __	☐ Sì ☐ No			
__ / __ / __	☐ Sì ☐ No			
__ / __ / __	☐ Sì ☐ No			
__ / __ / __	☐ Sì ☐ No			
__ / __ / __	☐ Sì ☐ No			
__ / __ / __	☐ Sì ☐ No			
__ / __ / __	☐ Sì ☐ No			
__ / __ / __	☐ Sì ☐ No			

Data di ammissione	Nuovo socio	Nome e Cognome	Indirizzo	Qualifica socio

Numero di iscrizione	Telefono	E-mail	Quota sociale versata	Data di cessazione
				__ / __ / __
				__ / __ / __
				__ / __ / __
				__ / __ / __
				__ / __ / __
				__ / __ / __
				__ / __ / __
				__ / __ / __
				__ / __ / __
				__ / __ / __
				__ / __ / __
				__ / __ / __
				__ / __ / __
				__ / __ / __
				__ / __ / __
				__ / __ / __
				__ / __ / __
				__ / __ / __
				__ / __ / __

| Numero di iscrizione | Telefono | E-mail | Quota sociale versata | Data di cessazione |

Data di ammissione	Nuovo socio	Nome e Cognome	Indirizzo	Qualifica socio
__ / __ / __	□ Sì □ No			
__ / __ / __	□ Sì □ No			
__ / __ / __	□ Sì □ No			
__ / __ / __	□ Sì □ No			
__ / __ / __	□ Sì □ No			
__ / __ / __	□ Sì □ No			
__ / __ / __	□ Sì □ No			
__ / __ / __	□ Sì □ No			
__ / __ / __	□ Sì □ No			
__ / __ / __	□ Sì □ No			
__ / __ / __	□ Sì □ No			
__ / __ / __	□ Sì □ No			
__ / __ / __	□ Sì □ No			
__ / __ / __	□ Sì □ No			
__ / __ / __	□ Sì □ No			
__ / __ / __	□ Sì □ No			
__ / __ / __	□ Sì □ No			
__ / __ / __	□ Sì □ No			
__ / __ / __	□ Sì □ No			

Numero di iscrizione	Telefono	E-mail	Quota sociale versata	Data di cessazione
				__ / __ / __
				__ / __ / __
				__ / __ / __
				__ / __ / __
				__ / __ / __
				__ / __ / __
				__ / __ / __
				__ / __ / __
				__ / __ / __
				__ / __ / __
				__ / __ / __
				__ / __ / __
				__ / __ / __
				__ / __ / __
				__ / __ / __
				__ / __ / __
				__ / __ / __
				__ / __ / __
				__ / __ / __
				__ / __ / __

Data di ammissione	Nuovo socio	Nome e Cognome	Indirizzo	Qualifica socio
__ / __ / __	☐ Sì ☐ No			
__ / __ / __	☐ Sì ☐ No			
__ / __ / __	☐ Sì ☐ No			
__ / __ / __	☐ Sì ☐ No			
__ / __ / __	☐ Sì ☐ No			
__ / __ / __	☐ Sì ☐ No			
__ / __ / __	☐ Sì ☐ No			
__ / __ / __	☐ Sì ☐ No			
__ / __ / __	☐ Sì ☐ No			
__ / __ / __	☐ Sì ☐ No			
__ / __ / __	☐ Sì ☐ No			
__ / __ / __	☐ Sì ☐ No			
__ / __ / __	☐ Sì ☐ No			
__ / __ / __	☐ Sì ☐ No			
__ / __ / __	☐ Sì ☐ No			
__ / __ / __	☐ Sì ☐ No			
__ / __ / __	☐ Sì ☐ No			
__ / __ / __	☐ Sì ☐ No			
__ / __ / __	☐ Sì ☐ No			
__ / __ / __	☐ Sì ☐ No			

Numero di iscrizione	Telefono	E-mail	Quota sociale versata	Data di cessazione
				__ / __ / __
				__ / __ / __
				__ / __ / __
				__ / __ / __
				__ / __ / __
				__ / __ / __
				__ / __ / __
				__ / __ / __
				__ / __ / __
				__ / __ / __
				__ / __ / __
				__ / __ / __
				__ / __ / __
				__ / __ / __
				__ / __ / __
				__ / __ / __
				__ / __ / __
				__ / __ / __
				__ / __ / __
				__ / __ / __

Data di ammissione	Nuovo socio	Nome e Cognome	Indirizzo	Qualifica socio
__ / __ / __	☐ Sì ☐ No			
__ / __ / __	☐ Sì ☐ No			
__ / __ / __	☐ Sì ☐ No			
__ / __ / __	☐ Sì ☐ No			
__ / __ / __	☐ Sì ☐ No			
__ / __ / __	☐ Sì ☐ No			
__ / __ / __	☐ Sì ☐ No			
__ / __ / __	☐ Sì ☐ No			
__ / __ / __	☐ Sì ☐ No			
__ / __ / __	☐ Sì ☐ No			
__ / __ / __	☐ Sì ☐ No			
__ / __ / __	☐ Sì ☐ No			
__ / __ / __	☐ Sì ☐ No			
__ / __ / __	☐ Sì ☐ No			
__ / __ / __	☐ Sì ☐ No			
__ / __ / __	☐ Sì ☐ No			
__ / __ / __	☐ Sì ☐ No			
__ / __ / __	☐ Sì ☐ No			
__ / __ / __	☐ Sì ☐ No			

Numero di iscrizione	Telefono	E-mail	Quota sociale versata	Data di cessazione
				__ / __ / __
				__ / __ / __
				__ / __ / __
				__ / __ / __
				__ / __ / __
				__ / __ / __
				__ / __ / __
				__ / __ / __
				__ / __ / __
				__ / __ / __
				__ / __ / __
				__ / __ / __
				__ / __ / __
				__ / __ / __
				__ / __ / __
				__ / __ / __
				__ / __ / __
				__ / __ / __
				__ / __ / __
				__ / __ / __

Numero di iscrizione	Telefono	E-mail	Quota sociale versata	Data di cessazione

Data di ammissione	Nuovo socio	Nome e Cognome	Indirizzo	Qualifica socio
__ / __ / __	□ Sì □ No			
__ / __ / __	□ Sì □ No			
__ / __ / __	□ Sì □ No			
__ / __ / __	□ Sì □ No			
__ / __ / __	□ Sì □ No			
__ / __ / __	□ Sì □ No			
__ / __ / __	□ Sì □ No			
__ / __ / __	□ Sì □ No			
__ / __ / __	□ Sì □ No			
__ / __ / __	□ Sì □ No			
__ / __ / __	□ Sì □ No			
__ / __ / __	□ Sì □ No			
__ / __ / __	□ Sì □ No			
__ / __ / __	□ Sì □ No			
__ / __ / __	□ Sì □ No			
__ / __ / __	□ Sì □ No			
__ / __ / __	□ Sì □ No			
__ / __ / __	□ Sì □ No			
__ / __ / __	□ Sì □ No			
__ / __ / __	□ Sì □ No			

Numero di iscrizione	Telefono	E-mail	Quota sociale versata	Data di cessazione
				__ / __ / __
				__ / __ / __
				__ / __ / __
				__ / __ / __
				__ / __ / __
				__ / __ / __
				__ / __ / __
				__ / __ / __
				__ / __ / __
				__ / __ / __
				__ / __ / __
				__ / __ / __
				__ / __ / __
				__ / __ / __
				__ / __ / __
				__ / __ / __
				__ / __ / __
				__ / __ / __
				__ / __ / __

Numero di iscrizione	Telefono	E-mail	Quota sociale versata	Data di cessazione